Anne Pieper

Moderne Keilrahmen-Bilder

Malen, Kratzen, Rollen und Prägen mit Acrylfarben

Inhalt

Materialkunde 6
Grundmaterial 6
Keilrahmen/Malpappe 6
Acrylfarben 6
Duktus 6
Bemalen 6
Lasieren 7
Pinsel 7
Kartoffelstempel 7
Effekte 7
Tipps und Tricks 7

Motive
Marokko 8
Sgraffito 12
Philodendron 18
Strandgut 22
Geranie 26
Block 30
Sphäre 34
Lichter 38
Quadrate 42
Impressum 46

Vorwort

Liebe Künstlerin, lieber Künstler!

Besuche von Kunstausstellungen haben mich zu Bildern mit experimentellem Charakter inspiriert, die sich jenseits von Motiven wie Herzen, Lavendelfeldern oder Leuchttürmen bewegen. Selber ein abstraktes Bild zu malen, erscheint vielen Menschen als etwas Schwieriges. Schließlich gehört die abstrakte Malerei in den Bereich der „hohen Kunst"! Doch davon sollte sich niemand abschrecken lassen, denn Kunst hat nichts mit „(Malen-)können" zu tun.

Dieses Buch soll Ihnen helfen, einen eigenen Stil zu finden – expressiv oder klar strukturiert, im Farbrausch oder sachlich-nüchtern. Halten Sie sich nicht zu genau an die Vorlagen, sondern lassen Sie sich von Ihrer Stimmung und Ihrer Umgebung inspirieren.

Für die Unterstützung mit Keilrahmen geht mein herzlicher Dank an Opitec, Rico Design und VBS Hobby Versand, für Pinsel an da Vinci Künstlerpinselfabrik, für Pastell-Ölkreiden an Eberhard Faber, für Farbwalzen und Malmappen an Opitec, für Schlagmetall und Zubehör an Rayher Hobby.

Eine schöne Mal-Zeit wünscht

Materialkunde

Grundmaterial
- Marabu-BasicAcryl
- Keilrahmen/Malpappe
- Acrylpinsel rund
- Acrylpinsel flach
- Farbwalzen
- Glasplatte
- Lappen
- Großes Glas mit Wasser
- Mischteller/Palette
- Schaschlikspieß

Keilrahmen/Malpappe
Grundlage für alle Bilder ist ein Keilrahmen. Am praktischsten ist der Keilrahmen, bei dem die Leinwand bereits auf einen Holzrahmen gespannt und grundiert ist. Mithilfe der Keile lässt er sich immer wieder nachspannen. Als Alternative eignet sich auch Malpappe. Beide Malgründe können sehr schön in einem Bilderrahmen präsentiert werden. Sind die Seiten bemalt, kann man sie jeweils auch ohne Rahmen aufhängen. Auch Holzbretter, MDF-, Tischler- und Spanplatten lassen sich gut bemalen; sie sind allerdings schwer.

Acrylfarbe
Acrylfarben sind leuchtkräftig, intensiv, wasserfest und vergilben nicht. Sie sind besonders vielseitig verwendbar: Mit Wasser verdünnt, werden sie flüssiger und transparent wie Wasserfarben, direkt aus der Tube oder Glas genommen ist die Konsistenz cremig und dickflüssig. Durch Vermischung mit Acrylmalmittel können Konsistenz und Aussehen verändert werden. Bevor Sie mit einem Bild beginnen, empfehlen wir Ihnen ein paar Übungen mit Ihren Lieblingsfarben. Probieren Sie die verschiedenen Möglichkeiten des Farbauftrages aus. Für das Mischen und Verdünnen der Acrylfarbe gibt es ein paar Regeln, die das Malen einfacher gestalten.
- Ist die Farbe nicht ganz deckend aufgetragen, sollte der zweite Farbauftrag erst nach vollständiger Trocknung erfolgen.
- Beim Mischen der Acrylfarben sollte immer schrittweise die zweite Farbe in die erste Farbe hineingemischt werden.
- Beim Lasieren wird immer mit der unverdünnten Farbe begonnen und durch Wasserzusatz die Farbe verdünnt. Für den ersten deckenden Farbauftrag die Acrylfarbe immer unverdünnt verwenden.

Bemalen
Für einen deckenden Farbauftrag wird die Farbe pur aufgetragen. Es können auch zwei Farben gleichzeitig aufgebracht werden. Dazu werden zwei Kleckse Farbe auf einen Mischteller oder eine Palette gegeben und mit dem Pinsel gleichzeitig beide Farben aufgenommen. Eine Fläche kann in mehreren Farben bemalt werden, ohne dass der Pinsel jedesmal ausgewaschen werden muss. Durch das Vermischen der Farbe direkt am Pinsel entstehen interessante Farbspiele und Schattierungen. Die Kanten der Keilrahmen sollten immer mit bemalt werden, damit das Bild auch ohne Rahmen aufgehängt werden kann. Evtl. die aufgetragene Farbe mit Seidenmattlackspray auf einer alten Zeitung als Unterlage besprühen.

Lasieren
Zum Lasieren wird die Farbe auf einem Mischteller oder einer Palette mit Wasser verdünnt. Die Lasur wird mit einem Pinsel oder einem Schwamm aufgetragen. Es können verschiedene Farben ineinander gemalt werden. Durch Abtupfen mit einem Haus-

haltstuch oder einem Schwamm kann das Bild wieder aufgehellt werden. So erzielt man die Wirkung eines fast schon realistischen Lichteinfalls.

Duktus
Beim Aufstreichen mancher Farben entsteht ein Pinselduktus: die Spur des Pinsels, der feine Riefen hinterlässt. Den Pinselduktus kann man gezielt einsetzen.

Pinsel
Für den groben Farbauftrag reichen einfache Borstenpinsel aus. Wenn klare Linien, saubere Farbgrenzen und feinere Muster gewünscht sind, sollten Sie einen guten Acrylpinsel kaufen. Acrylpinsel sind eine Mischung aus Haarpinsel und Borstenpinsel, mit feinen geraden, aber recht stabilen Borsten. Nur mit hochwertigen Pinseln lassen sich optimale Ergebnisse erzielen. Gute Pinsel sind formstabil und haaren nicht, sie nehmen viel Farbe auf und geben diese gleichmäßig ab. Man kann mit ihnen die Farben fein verstreichen, ohne dass ein Duktus sichtbar wird.

Breite Pinsel für grobes Malen verwenden, schmale Pinsel für Feinheiten, feine Haarpinsel für Linien und feinste Punkte, große Haarpinsel für Linien und längliche Tupfen. Wichtig ist, dass der Pinsel nicht breiter ist als das Farbtöpfchen, sonst muss die Farbe vorab auf einen Teller oder eine Palette gegeben werden.

Während des Malens reicht es, den Pinsel kurz in Wasser auszuwaschen. Anschließend die wasserlösliche Acrylfarbe mit Wasser und Pinselseife (ersatzweise Kernseife) aus dem Pinsel waschen. Und nicht vergessen: Den Pinsel stets nach dem Reinigen in Form bringen und gut trocknen lassen, indem er mit dem Stiel nach unten in ein (trockenes) Glas oder einen ähnlichen Behälter gestellt wird.

Kartoffelstempel
Die Spitze einer Kartoffel mit dem Küchenmesser abschneiden, so dass eine plane Oberfläche entsteht. Mit dem Schaschlikspieß ein Motiv anzeichnen. Die Konturen mit dem Küchenmesser einschneiden, die Umgebung einige Millimeter tief entfernen. Die oberfläche mit einem Tuch gut abwischen und anschließend die gewünschte Farbe sorgfältig mit einem Pinsel auftragen. Auf einem Blatt Schmierpapier einen Probedruck machen, evtl. nachschneiden. Nun das Bild stempeln, vor jedem Durchgang Farbe auf die Kartoffel geben.

Effekte
Pastell-Ölkreiden
Ölkreiden haften auf fast allen Flächen und haben eine starke Deckkraft. Sie eignen sich, um einfarbige Flächen zu akzentuieren. Bei einem sehr dünnen Farbauftrag macht die Kreide die Oberflächenstruktur sichtbar. Die Kreide ist wasserfest, beim Bemalen perlt verdünnte Farbe von ihr ab. Mit Pastell-Ölkreiden kann man hervorragend auf die bereits fertig gemalten Bilder schreiben.

Kükendraht
Ein Stück Kükendrahtgitter ist ein guter Strukturgeber (möglichst den dickeren, kunststoffummantelten verwenden). Dazu wird die Farbe unverdünnt mit einem Tuch oder Schwamm über den Kükendraht gewischt. Trägt man wenig Farbe auf, erscheint das Gitter als farbiges, lineares Wabenmuster. Trägt man viel Farbe auf, sammelt diese sich am Draht und bildet ein dreidimensionales Muster aus einzelnen Waben. Immer gut trocknen lassen, feuchte Farbe würde man beim nächsten Arbeitsschritt herunterziehen. Dazu wird die Farbe unverdünnt mit einem Tuch oder Schwamm über den Kükendraht gewischt oder getupft.

Tipps und Tricks
Versuche
Bevor Sie ein Bild beginnen, sollten Sie farbige Entwürfe auf Malpappe machen. Diese kann problemlos etliche Male übermalt werden. Wenn das Ergebnis zufrieden stellend ist, wird der Entwurf auf den Keilrahmen übertragen. Evtl. kann vorgezeichnet werden, jedoch nur mit feinsten Bleistiftstrichen oder in einer hellen Farbe mit dem Pinsel. Falls Sie die Gelegenheit haben, Keilrahmen in einem anderen Format als dem gewünschten günstig zu erstehen, können Sie das Motiv so ändern, dass es zum Format passt.

Ausgewogene Bildkomposition
Eine ausgewogene Bildkomposition kann erreicht werden, indem man nach jedem Malschritt etwas zurücktritt und das Werk begutachtet. So behält man das Ganze im Blick und verliert sich nicht in Einzelheiten.

Hell und Dunkel
Wichtig ist ein ausgewogenes Verhältnis zwischen Hell und Dunkel. Kneifen Sie die Augen zu Schlitzen und blicken Sie durch die Wimpern auf das Bild. Auf diese Weise werden Farbblöcke erkennbar.

Marokko

Bildgröße 30 x 70 cm

2. Seitlich und unterhalb der dunkelblauen Fläche Mittelblau auftragen. Dann Nass in Nass etwas Weiß zwischen Dunkel- und Mittelblau malen und oben neben die Stelle in Orange einen zarten Pinselstrich in Weiß setzen. Jetzt die kleine orangefarbene Fläche nochmals in Orange, dann Nass in Nass mit Gelb übermalen. Die Farben dabei grob miteinander vermalen. Alles trocknen lassen.

1. Den Keilrahmen mit dem stärksten Pinsel in Orange und Dunkelblau ausmalen. Erst das Orange auftragen. Dabei die Stellen, an denen Dunkelblau aufgemalt wird, weiß lassen und dann in Blau malen. Die Farben nicht ineinander laufen lassen. Mit kräftigen senkrecht geführten Pinselstrichen frei und zügig arbeiten. Farben trocknen lassen.

3. An ausgewählten Stellen mit dem dünnsten Pinsel Violett dunkel aufmalen, dabei schwungvoll von oben nach unten arbeiten. Haben Sie keine Angst, einen „falschen" Pinselstrich zu setzen. Der Farbauftrag soll frei sein, akkurat gesetzte Linien hemmen bei diesem Werk die dynamische Bildwirkung. Farbe trocknen lassen.

MATERIAL
- Grundmaterial (s. Seite 6)
- Keilrahmen, 30 x 70 cm
- Acrylpinsel flach Gr. 8, 10 und 20
- Marabu-BasicAcryl in Gelb, Orange, Violett dkl., Mittelblau, Dunkelblau, Pariserblau, Weiß
- Palette oder alter Porzellanteller

4. Nun mit dem dünnsten Pinsel jeweils von oben nach unten senkrechte Pinselstriche in Weiß ziehen. Farbe trocknen lassen.

Künstler-Tipp:
Je größer das Bild, desto besser wirkt es. Wenn Sie genügend Platz an der Wand zur Verfügung haben, können Sie in größeren Dimensionen malen. Auch quadratisch sieht das Kunstwerk toll aus.

5. Jetzt ist wieder Blau an der Reihe. Mit Dunkelblau und Pariserblau an den schon in Blau gemalten Partien, besonders an Farbrändern, Akzente setzen. Dabei stets von oben nach unten in dynamischen, kurzen Pinselschwüngen arbeiten. Farben trocknen lassen.

6. Das Bild, in dem momentan Blau dominiert, bekommt erneut „Feuer" durch Orange. Dabei sollen etliche Blauflächen mit Orange angeschnitten und übermalt werden. Das belebt die orangefarbenen Flächen. Die weißen Linien dabei fast vollständig übermalen. Dort leuchtet das Orange später besonders gut. Farbe trocknen lassen.

7. Etwas Pariserblau auf einen alten Teller oder eine Palette geben und mit dem feinsten Pinsel sehr wenig Farbe aufnehmen. Nun Striche in Pariserblau setzen. Trocknen lassen.

8. Mit dem feinsten Pinsel mehrere blaue Farbflächen in Orange übermalen und anschneiden. Ihre Dunkelheit belebt später die orangefarbenen Flächen. Die weißen, bereits mit Orange übermalten Flächen dabei fast vollständig übermalen, dort leuchtet das Orange dann besonders intensiv. Zum Schluss gut trocknen lassen.

Sgrafitto

Bildgröße 40 x 40 cm

MATERIAL
- Grundmaterial (s. Seite 6)
- Keilrahmen, 40 x 40 cm
- Marabu-BasicAcryl in Zitron, Orange, Hautfarbe, Zinnoberrot hell, Cyan, Royalblau, Pariserblau, Olivgrün, Schilf, Terracotta
- Acrylpinsel rund Gr. 6
- Acrylpinsel flach Gr. 12
- Kreppband, 19 mm breit
- Lineal
- Farbwalze, Ø 19 mm, 50 mm breit

1. Den oberen Teil des Keilrahmens in Zinnoberrot hell, den unteren Teil in Terracotta deckend bemalen. Den Übergang vermalen.

2. Gittermuster mit Kreppband aufkleben, dabei die Bildränder nicht mit der ganzen Klebebandbreite abdecken. Es sollen fünf Felder in der Waagerechten und fünf Felder in der Senkrechten entstehen. Die Quadrate sollten eine Größe von 5,5 bis 6,2 cm haben. Es sieht schöner aus, wenn die Klebestreifen etwas schief verlaufen.

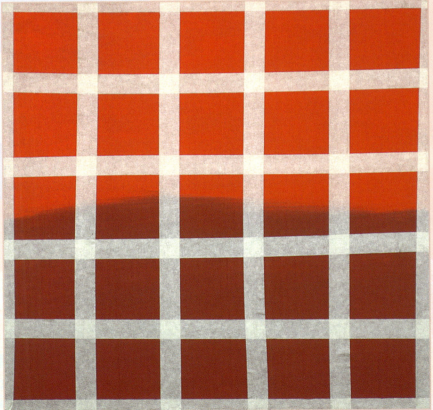

3. Hautfarbe und Zinnoberrot hell mischen und auf eine Glasplatte geben, mit der Farbwalze aufnehmen. Farbe etwa auf die Hälfte der Felder walzen, teils fleckig, teils deckend. Einen Teil der Farbe in verschiedenen Mustern mit dem Spachtel abnehmen: Kreisinnenfläche, Kreisaußenfläche, Streifen, Rauten. Sofort Muster mit dem Schaschlikspieß einritzen: z. B. Wellenlinien, Spirale, Kreise, Bögen. Wenn der Schaschlikspieß schräg gehalten wird, kann mehr Farbe abgenommen werden.

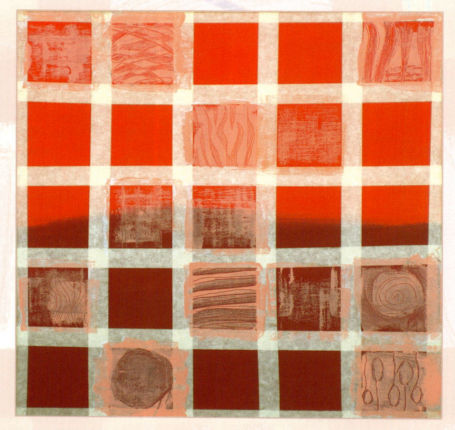

4. Auf mehrere Felder Schilf walzen. An manchen Stellen mit der Kante der Walze rollen, so dass Streifen entstehen. Anschließend mit dem Schaschlikspieß Streifen, kleine Quadrate, Wellen usw. einritzen.

5. Auf einige Felder Royalblau aufwalzen und mit dem Schaschlikspieß wellenförmig einritzen.

6. Auf einige Felder Orange walzen, Hand und „Amöbe" einritzen.

Künstler-Tipp:
Motive für Ritzungen können z. B. aus dem Tier- und Pflanzenreich stammen oder einfach Fantasiefiguren sein. Halten Sie in Ihrem Alltag Ausschau nach geometrischen Formen, die ebenfalls Anregungen sein können.

7. Wenn die Farben trocken sind, die Klebestreifen abziehen. Farbe, die an manchen Stellen unter die Streifen gelangt ist, wird später übermalt.

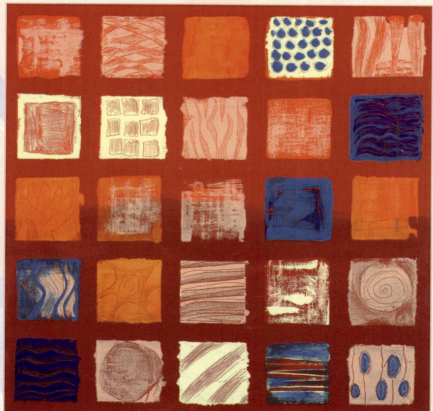

8. Wenn die Klebestreifen abgezogen sind, kann die farbliche Wirkung voll erfasst und das Bild ergänzt werden: Effekte, Akzente und Umrandungen in Cyan mit dem Flachpinsel und dem Rundpinsel malen und mit dem Pinselstielende ritzen.

9. Umrandungen, grafische Ornamente, Kringel und Streifen in Olivgrün aufmalen. Mit dem Schaschlikspieß Linien, Kreise, Kreuze und Baum einritzen.

10. Mit den Farben Zitron, Orange, Schilf, Pariserblau, Olivgrün Details hervorheben und ergänzen. Helle und dunkle Bereiche im Bild ausgleichen, z. B. die Ecke unten links mit Schilf aufhellen. Ränder, an denen Farbe unter das Klebeband gedrungen ist, mit Zinnoberrot hell und Terracotta überarbeiten. Dabei können auch einige Ecken abgerundet werden.

Philodendron

Bildgröße 30 x 70 cm

2. Kükendraht auflegen, Karminrot auf einen Teller geben und mit etwas Wasser verdünnen. Mit einem Schwamm üppig Farbe aufnehmen und ungleichmäßig über den Draht verteilen. Dünner Farbauftrag ergibt ein rotes Gittermuster mit Waben in Orange. Dicker aufgetragene Farbe bildet ein dreidimensionales Wabenmuster in Dunkelrot auf hellrotem Hintergrund. Gut trocknen lassen.

1. Keilrahmen deckend mit drei Streifen in Antikblau, Tannengrün und Orange bemalen (mindestens zwei Farbaufträge). Die Streifen sollten eine Breite von ca. 7, 2 und 21 cm haben.

3. Reseda über den dünnen tannengrünen Streifen malen. Anschließend mit dem Schaschlikspieß bogenförmige, einander kreuzende Striche einritzen.

MATERIAL
- Grundmaterial (s. Seite 6)
- Marabu-BasicAcryl in Orange, Karminrot, Antikblau, Tannengrün, Olivgrün, Schilf, Reseda, Mittelblau
- Keilrahmen, 30 x 70 cm
- Pastell-Ölkreiden in Gelb, Orange
- Acrylpinsel rund Gr. 2
- Acrylpinsel flach Gr. 6
- Kükendraht, kunststoffummantelt, ca. 20 x 30 cm
- Schwamm
- Küchenmesser
- Kartoffel

5. Olivgrün auf einen Teller geben und mit etwas Wasser verdünnen. Eine ovale Blattform mit Stängel aufmalen. Blattrippen vormalen. Mit unverdünntem Olivgrün grob die einzelnen Blattrippen übermalen, das Innere ausmalen, den Stängel nachziehen. In die noch feuchte Farbe Lichter in Schilf malen, dabei den Pinsel an der Blattkontur ansetzen und nach innen ziehen.

4. Den antikblauen Streifen unregelmäßig in Mittelblau übermalen, so dass an einigen Stellen der Untergrund etwas durchscheint.

6. Eine Kartoffel mit dem Küchenmesser durchschneiden, so dass eine plane Oberfläche entsteht. Einen Rand mit kleinen geometrischen Formen stehen lassen. Mit einem Tuch abwischen, Olivgrün mit einem Pinsel auftragen. Auf einem Schmierpapier einen Probedruck machen. Nun die blaue Fläche stempeln, vor jedem Durchgang Farbe auf die Kartoffel geben. Die Blätter nicht bestempeln. Vorgang in Reseda wiederholen.

7. Gitterähnliches Muster aus feinen Strichen in Karminrot mit dem Rundpinsel Gr. 2 auf die blaue Fläche auftragen. Trocknen lassen. Die entstandene Gitterstruktur zum Teil mit Orange ausfüllen, mit einem Flachpinsel Gr. 6 grobe Striche setzen. Nur wenige Felder ausmalen. Mit dem Flachpinsel einige kurze Striche in Antikblau aufmalen. Zum Schluss mit Pastell-Ölkreiden in Gelb und Orange Winkel zeichnen, um die unstrukturierten Flächen zu beleben. Die Farbe nicht zu kräftig auftragen.

Strandgut

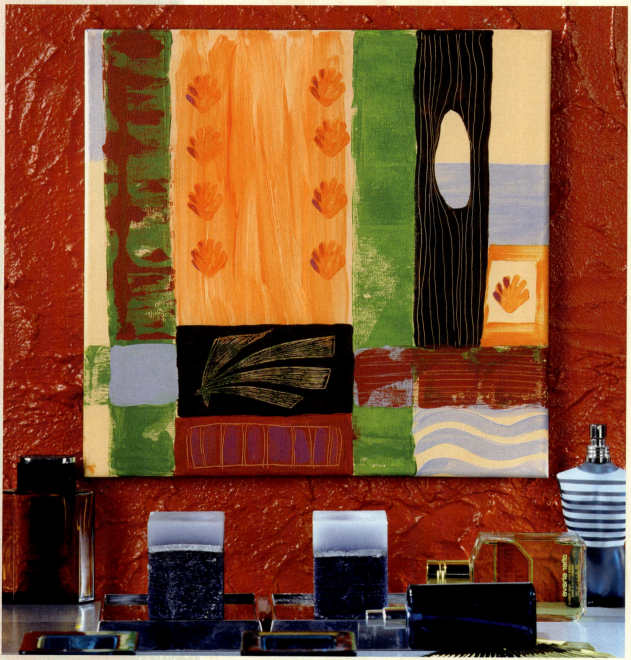

Bildgröße 40 x 40 cm

MATERIAL
- Grundmaterial (s. Seite 6)
- Keilrahmen, 40 x 40 cm
- Marabu-BasicAcryl in Orange, Weiß, Violett dunkel, Pink, Hellblau, Hellgrün, Milchkaffee, Dunkelbraun, Terracotta
- Acrylpinsel flach Gr. 14
- Haarpinsel Gr. 8
- Farbwalze, Ø 19 mm, 50 mm breit
- Küchenmesser
- Kleine Kartoffel

1. Keilrahmen deckend in Milchkaffee bemalen. Hellgrün auf eine Glasplatte geben, Farbe mit der Walze aufnehmen, einander kreuzende Streifen aufwalzen.

2. Orange und Weiß mischen und großes Rechteck damit ausmalen. Anschließend Nass in Nass Orange einmalen, Farbe jeweils dick auftragen. Hellblau mit Weiß mischen, mehrere Felder und Wellenlinien aufmalen.

3. Zwei rechteckige Felder in Dunkelbraun aufmalen, im lang gezogenen Rechteck eine ovale Fläche frei lassen. Mit dem Schaschlikspieß senkrechte Linien in das lange Feld ritzen, so dass eine holzähnliche Maserung entsteht. Vier stoßzahnähnliche Formen, die mit den spitzen Enden aufeinander zulaufen, in das andere dunkelbraune Feld einritzen.

4. Terracotta auf eine Glasplatte geben, mit der Walze Farbe aufnehmen. Über die obere Hälfte des linken hellgrünen Streifens, das hellblaue Quadrat rechts unten und den daran anschließenden hellgrünen Querstreifen walzen. Letzteren mit dem Schaschlikspieß waagerecht ritzen. Den Bereich unter dem dunkelbraunen Feld mit Terracotta ausmalen. Rechteck mit doppelten Längsstreifen einritzen.

5. Eine Kartoffel an der Spitze abschneiden, Oberfläche nach der Vorlage (s. rechts) zu einer Muschel schnitzen. Orange auf eine Glasplatte streichen, Farbe mit dem Kartoffelstempel aufnehmen. Probedruck auf ein Schmierpapier stempeln. Dann mehrere Muscheln auf das Bild stempeln. Pink mit Violett dunkel mischen, mit dem Haarpinsel Gr. 8 Akzente in die linke Hälfte der Muscheln malen und Zwischenräume im eingeritzten Rechteck ausmalen. Mit dem Flachpinsel Gr. 14 das Muschelelement am rechten Rand mit unregelmäßigen Strichen in Orange rahmen.

Stempel anfertigen: Kartoffel an einer Spitze plan abschneiden. Muschelmotiv mit dem Schaschlikspieß auf der Kartoffeloberseite anzeichnen. Die Konturen mit dem Küchenmesser einschneiden, Umgebung einige Millimeter tief entfernen.

Motivvorlage

Geranie

MATERIAL
- Grundmaterial (s. Seite 6)
- Keilrahmen, 30 x 70 cm
- Marabu-BasicAcryl in Orange, Weiß, Zinnoberrot hell, Karminrot, Magenta, Bordeaux, Violett dunkel, Olivgrün, Schilf, Reseda
- Farbwalze, Ø 30 mm, 90 mm breit
- Haarpinsel Gr. 12, Gr. 14
- Küchenmesser
- Mehrere Kartoffeln in verschiedenen Größen

Motivvorlagen

Bildgröße 30 x 70 cm

1. Orange und Weiß mischen, Keilrahmen deckend grundieren, mindestens zwei Farbschichten auftragen. Reseda auf eine Glasplatte geben, mit etwas Wasser verdünnen. Mit der breiten Farbwalze einen senkrechten Streifen in Reseda auf die Leinwand walzen. Trocknen lassen. Farbwalze und Glasplatte reinigen.

2. Schilf auf eine Glasplatte geben, mit etwas Wasser verdünnen. Mit der breiten Farbwalze mehrere senkrechte Streifen auf die Leinwand walzen. Dabei auch einen fleckigen Streifen über das Resedagrün legen. Trocknen lassen. Farbwalze und Glasplatte reinigen.

3. Auf einem Mischteller Olivgrün mit etwas Wasser verdünnen. Farbe mit einem Haarpinsel Gr. 12 aufnehmen und mit dem abwechselnd nach links und nach rechts schräg gehaltenen Pinsel auf die Leinwand tupfen, so dass ein blattähnliches Rankenmuster entsteht. Vorgang mit Reseda wiederholen.

4. Kartoffel an einer Spitze plan abschneiden. Mit dem Schaschlikspieß eine Blüte nach der großen Vorlage (s. S. 26) anzeichnen. Mit dem Küchenmesser ausschneiden. Stempelfläche mit einem Tuch abwischen, Zinnoberrot mit einem Pinsel auftragen. Probedruck machen, evtl. nachschneiden. Nun das Bild stempeln, vor jedem Durchgang Zinnoberrot hell auf die Kartoffel geben.

5. Kartoffelstempel abwaschen und trocken reiben. Magenta mit einem Pinsel auftragen, Karminrot in die Mitte geben. Probedruck auf einem Schmierpapier machen. Nun das Bild stempeln, vor jedem Durchgang beide Farben auf die Kartoffel geben. Aus einer kleinen Kartoffel eine Blüte nach der kleinen Vorlage (s. S. 26) schneiden. Mit dem Pinsel Karminrot auftragen, das Bild stempeln.

6. Bordeaux mit Violett dunkel mischen und mit viel Wasser verdünnen. Mit dem Haarpinsel Gr. 14 Hintergrund um einige Blütengruppen herum malen. Dabei die Farbe zur offenen Bildfläche hin dünn auftragen, zwischen den Blüten konzentrierter. Das trockene Bild ergänzen: Auf den lasierten Flächen in Bordeaux/Violett dunkel Teilflächen grob ausmalen. Blüten und Blätter dabei aussparen.

Block

Bildgröße 40 x 50 cm

MATERIAL
- Grundmaterial (s. Seite 6)
- Keilrahmen, 40 x 50 cm
- Marabu-BasicAcryl in Granatrot, Metallic-Gold, Orange, Weiß, Elfenbein, Royalblau, Bordeaux
- Acrylpinsel flach Gr. 12
- Weicher, fusselfreier Lappen
- Anlegemilch
- Schlagmetall
- Evtl. Schutzlack

1. Etwa 3 cm breite senkrechte Streifen in Granatrot und einen waagerechten Streifen in Gold aufmalen. Mit einigen groben Pinselstrichen Blöcke in Metallic-Gold skizzieren.

Künstler-Tipp:
Bei diesem Bild wird bewusst nicht abgeklebt und ausgemessen, die Linien sind daher etwas schief. Dadurch entsteht eine lebendigere und dynamischere Wirkung.

2. Orange und Weiß mischen. Oberes Drittel der Felder zwischen den senkrechten Streifen mit dem Flachpinsel Gr. 12 deckend bemalen. Streifen in Orange und Weiß jeweils rechts neben den Streifen in Granatrot ziehen. Farbauftrag mindestens einmal wiederholen.

3. Die orange-weißen Flächen jeweils mit 1,5 cm breiten waagerechten Streifen in Elfenbein bemalen. Am oberen Rand einen Streifen von etwa 1,5 cm Breite in Royalblau malen.

4. Die im ersten Schritt skizzierten Blöcke in Metallic-Gold ausmalen. Einen etwa 3 cm breiten Streifen unterhalb des waagerechten blauen Streifens ebenfalls in Metallic-Gold malen. Farbauftrag mehrmals wiederholen, so dass die Farbschicht deckend ist.

5. Senkrechte Streifen in Granatrot deckend mit Bordeaux übermalen. Die Streifen sollten etwa 3 cm breit sein.

6. Quadrate mit abgerundeten Ecken jeweils auf die Blöcke in Metallic-Gold und oberhalb der senkrechten Streifen in Bordeaux malen. Sofort mit dem Schaschlikspieß mehrere ineinander verschachtelte Quadrate einritzen. Immer erst ein Objekt malen und ritzen, dann mit dem nächsten beginnen. Die Felder in Metallic-Gold mit Anlegemilch bestreichen. Etwa 30 Minuten antrocknen lassen. Die Milch sollte transparent aussehen und klebrig, aber nicht mehr feucht sein. Schlagmetall auf eine der Flächen legen, mit einem weichen Tuch anreiben. Stück für Stück weitere Flächen mit Schlagmetall belegen, dabei immer einen Teil der Metallfolie überstehen lassen. Schlagmetall evtl. mit Schutzlack versehen.

Sphäre

Bildgröße 40 x 40 cm

MATERIAL
- Grundmaterial (s. Seite 6)
- Marabu-BasicAcryl in Orange, Kirschrot, Violett dunkel, Pink, Olivgrün, Reseda, Schwarz
- Keilrahmen, 40 x 40 cm
- Pastell-Ölkreiden in Orange, Rot, Violett, Hellgrün
- Schwamm

1. Wolken in Orange und Kirschrot aufmalen, die Farben an den Übergängen miteinander vermalen.

2. Weitere Wolken in Violett dunkel und Pink gemischt und in Kirschrot aufmalen, die Farben an den Übergängen miteinander vermalen.

3. Die frei gebliebenen Flächen in Olivgrün und Reseda bemalen. Das Olivgrün soll wie der Schatten des helleren Reseda wirken. Die Farben an den Übergängen etwas miteinander vermalen.

4. Alle bisher aufgetragenen Farben erneut auf die jeweiligen Flächen auftragen, an den Rändern mit der Farbe des angrenzenden Abschnitts vermalen. Falls diese nicht mehr feucht ist, leicht über den Rand hinaus in das benachbarte Farbfeld malen, so dass es keine klar abgegrenzten Konturen gibt. Trocknen lassen.

5. Das komplette Bild mit reichlich Schwarz übermalen, an den Rändern beginnen. Sofort zum Waschbecken gehen, mit einem feuchten Schwamm die Bildmitte in Kreisform von der schwarzen Farbe befreien, dabei mit der Kreiskontur beginnen. Bevor die Farbe trocknet, mit dem Schaschlikspieß waagerechte geschwungene Linien in die schwarz übermalte Fläche ritzen. Die Linien sollen sich zum Teil überschneiden, so dass einzelne Felder zwischen ihnen entstehen. Anschließend trocknen lassen.

6. Mit Pastell-Ölkreiden die Felder zwischen den Linien zum Teil ausmalen. Der Farbauftrag darf nur sehr dünn sein, er sollte eher die Struktur der Leinwand hervorheben, als eine farbige Fläche ergeben.

Lichter

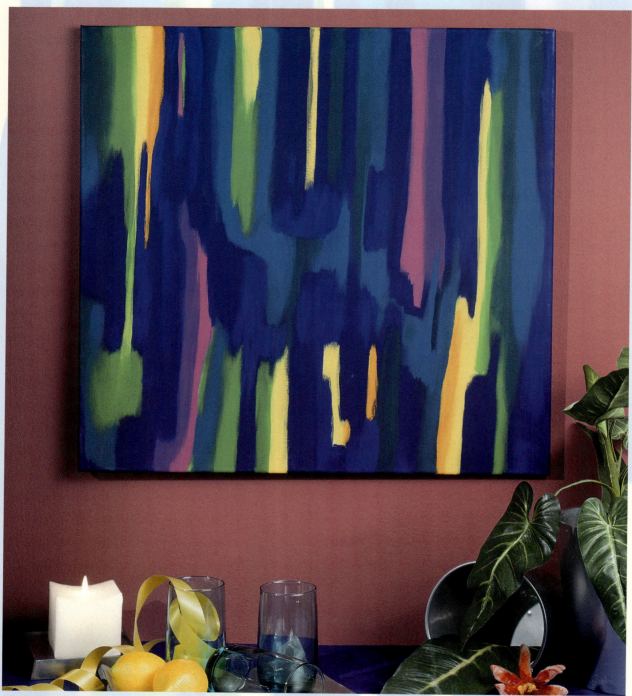

Bildgröße 60 x 60 cm

MATERIAL
- Grundmaterial (s. Seite 6)
- Keilrahmen, 60 x 60 cm
- Marabu-BasicAcryl in Zitron, Gelb, Orange, Violett dunkel, Pink, Ultramarinblau dunkel, Dunkelblau, Mittelblau, Hellgrün, Dunkelgrün

1. Mit hellen Farben beginnen: Zitron auftragen, Hellgrün mit Gelb mischen, auftragen und miteinander vermalen.

2. Auf den Rand der zitronengelben Fläche erneut Zitron auftragen, daneben Orange. Beide Farben miteinander vermalen. Violett dunkel mit Pink mischen und auftragen.

3. Mit Dunkelblau und etwas Mittelblau gemischt mit Dunkelgrün einen großen Teil der helleren Flächen übermalen, so dass einige helle Felder übrig bleiben. Durch die dunklen Farben sollte die Leinwand noch hindurchschimmern.

4. Mit Hellgrün, Gelb, Mittelblau und Dunkelgrün um die helleren Farbflächen malen.

Künstler-Tipp:
Je nachdem, welche Farbtöne in der Wohnung vorherrschen, können anstelle der dunklen Blau- und Grüntöne auch Gelb-, Orange- oder Pastelltöne verwendet werden. Ganz modern wirken Neonfarben, die auf weißen Untergrund aufgetragen werden müssen, um schrill zu leuchten.

5. Die Farbfelder in Blautönen mit Dunkelblau übermalen, diese Flächen mit Ultramarinblau dunkel aufhellen. Farbauftrag wiederholen, bis er deckend ist. Farbauftrag in Zitron, Orange, Hellgrün, Gelb, Pink und Violett dunkel auf den jeweiligen Flächen wiederholen, so dass alle Farben deckend und leuchtend aufgetragen sind. Zum Schluss letzte Korrekturen an den Formen vornehmen.

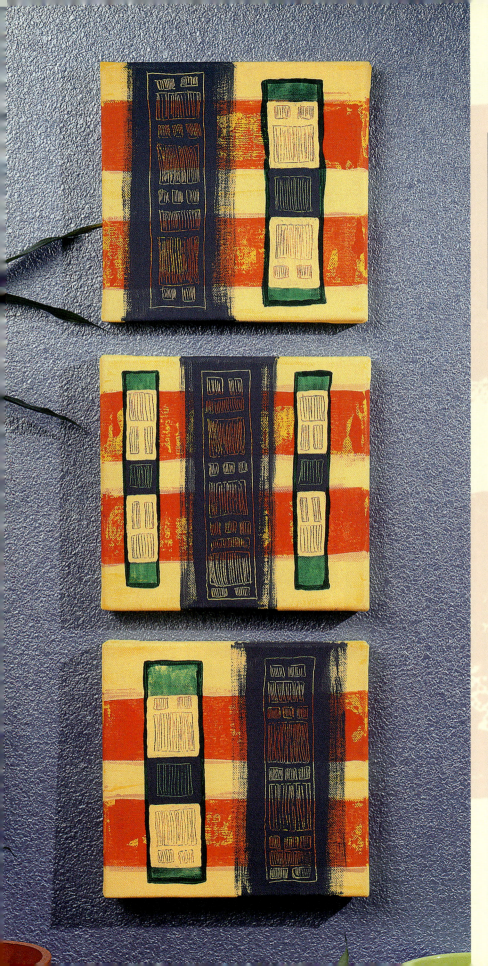

Quadrate

MATERIAL
- Grundmaterial (s. Seite 6)
- 3 Keilrahmen, 20 x 20 cm
- Marabu-BasicAcryl in Mango, Gelb, Zinnoberrot hell, Kirschrot, Antikblau, Dunkelgrün
- Haarpinsel Gr. 6
- Farbwalze, Ø 19 mm, 50 mm breit
- Glasplatte

1. Drei Keilrahmen deckend in Gelb grundieren, Farbauftrag mindestens einmal wiederholen. Kirschrot auf eine Glasplatte geben, Farbe mit der schmalen Farbwalze aufnehmen. Zwei waagerechte Streifen auf die Leinwand walzen. Trocknen lassen. Farbwalze und Glasplatte reinigen.

Bildgröße jeweils 20 x 20 cm

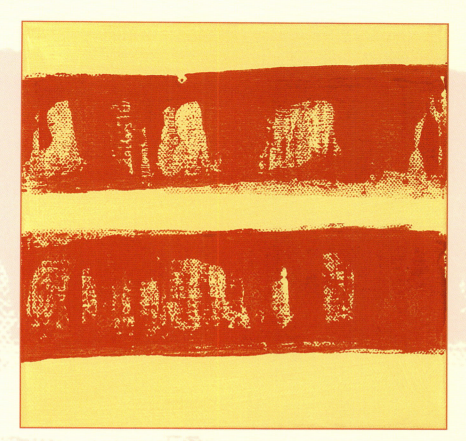

2. Zinnoberrot hell auf eine Glasplatte geben. Mit der Farbwalze über die kirschroten Streifen walzen. Trocknen lassen. Farbwalze und Glasplatte reinigen.

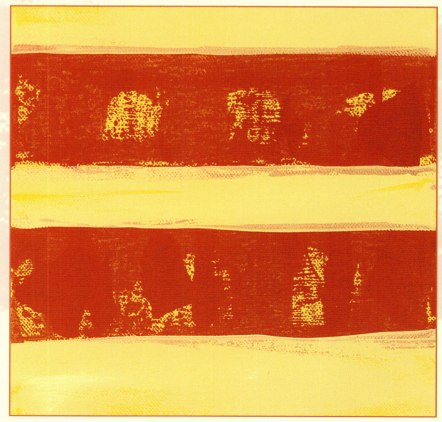

3. Mango mit Pinsel in Streifen auf die gelben Flächen auftragen. Die roten Streifen sollen dabei an den Rändern überstrichen werden.

4. Einen Streifen in Antikblau im 90-Grad-Winkel zu den roten Streifen streifig auftragen. Den Streifen bei einem Bild links, bei einem Bild in der Mitte, bei einem Bild rechts platzieren. Sofort mit dem Schaschlikspieß mehrere Quadrate und Rechtecke einritzen. Diese streifig ritzen, so dass die Untergrundfarbe belebend hindurchscheint.

5. Mit dem Haarpinsel Gr. 6 Kontur eines lang gestreckten Rechtecks in Dunkelgrün malen. Rechteck bei zwei Bildern auf die Fläche neben dem Streifen in Antikblau platzieren. Beim dritten Bild ein etwa halb so breites Rechteck jeweils links und rechts neben den Streifen in Antikblau malen. Trocknen lassen.

44

6. Etwas Dunkelgrün auf einen Mischteller geben und mit Wasser verdünnen. Das Rechteck damit ausmalen.

7. In die Mitte des Rechtecks ein Quadrat in Antikblau malen, sofort mit dem Schaschlikspieß ein Quadrat einritzen, dieses streifig ritzen. Mit Mango jeweils zwei Rechtecke in das dunkelgrüne Rechteck malen. Sofort mit dem Schaschlikspieß Quadrate einritzen, diese streifig ritzen.

45

Impressum

Modelle, Anleitungen, Realisation: Anne Pieper
Lektorat: Claudia Lüdtke für 360°, Berlin
Redaktion: Imke Erdmann, Petra Hassler
Fotos und Styling: Oswald Visuelle Medien,
www.visuelle-medien.de
Stepfotos: Annalisa Valente
Umschlaggestaltung: Stefan Hagen
Layout und Produktion: buchkonzept@web.de
Druck und Verarbeitung: Nørhaven Book A/S, Viborg

Die Verwertung der Texte und Bilder, auch auszugsweise, ist ohne Zustimmung des Verlages urheberrechtswidrig und strafbar. Dies gilt auch für Vervielfältigungen, Übersetzung, Mikroverfilmung und für die Verarbeitung mit elektronischen Systemen.

Jede gewerbliche Nutzung der Arbeiten und Entwürfe ist nur mit Genehmigung des Verlages gestattet. Bei der Anwendung im Unterricht und in Kursen ist auf dieses Buch hinzuweisen.

Autorin und Verlag haben die größtmögliche Sorgfalt walten lassen, um sicherzustellen, dass alle Angaben und Anleitungen korrekt sind, können jedoch im Falle unrichtiger Angaben keinerlei Haftung für eventuelle Folgen, direkte oder indirekte, übernehmen.

Die gezeigten Materialien sind zeitlich unverbindlich. Der Verlag übernimmt für Verfügbarkeit und Lieferbarkeit keine Gewähr und keine Haftung.

ISBN 3-89858-752-5

© 2005 im OZ Verlag GmbH, Rheinfelden
Buchverlag OZ creativ, Freiburg
Alle Rechte vorbehalten

Herstellerverzeichnis

Farben und Lacke
Marabuwerke GmbH & Co. KG
Asperger Straße 4
71732 Tamm
www.marabu-kreativ.de

Farbauswahl Marabu-BasicAcryl

271 Elfenbein	222 Vanille	029 Hautfarbe	221 Mango	020 Zitron	019 Gelb	021 Mittelgelb	013 Orange
030 Zinnoberrot hell	031 Kirschrot	032 Karminrot	004 Granatrot	034 Bordeaux	231 Wildrose	033 Pink	014 Magenta
007 Lavendel	051 Violett dkl.	291 Arktis	090 Hellblau	056 Cyan	095 Azurblau	052 Mittelblau	257 Royalblau
055 Ultramarinblau dkl.	053 Dunkelblau	058 Pariserblau	259 Antikblau	091 Karibik	062 Hellgrün	067 Saftgrün	068 Dunkelgrün
075 Tannengrün	065 Olivgrün	266 Antikgrün	276 Schilf	061 Reseda	245 Milchkaffe	042 Sand	047 Hellbraun
040 Mittelbraun	045 Dunkelbraun	008 Terracotta	278 Hellgrau	070 Weiß	073 Schwarz	782 Metallic-Silber	784 Metallic-Gold

Creativ-Hotline — *Wir sind für Sie da!*

Brauchen Sie einen Ratschlag zum Thema Handarbeiten, Basteln oder Dekoration? Haben Sie Fragen zu einer Anleitung oder zu einer speziellen Creativtechnik? Unsere Fachberaterinnen helfen Ihnen gerne weiter:

Montag bis Freitag von 10.00 bis 16.00 Uhr unter der Rufnummer: **0 76 23/96 44 17**

Oder schicken Sie eine Postkarte an: **OZ Verlag GmbH**, Leser-Service, Römerstraße 90, 79618 Rheinfelden